Introducción
Habilidades del pensamiento
y
Lecto-Escritura
con alumnos Sordos

Introducción Habilidades del pensamiento y Lecto-Escritura con alumnos Sordos

Fabiola Ruiz Bedolla
Guillermo A. Sánchez González

Introducción
Habilidades del pensamiento
y
Lecto-Escritura
con alumnos Sordos

Segunda Edición 2019

Introducción habilidades del pensamiento y lecto-escritura con alumnos sordos
de Fabiola Ruiz Bedolla y Guillermo Adrián Sánchez González

Ilustraciones de portada: Freepik
Corrección de estilo: Mar Pérez

ISBN: 978-607-96765-4-4

Impreso en México.

www.tacituseditorial.com

A mi hermano, Pepe,
porque me enseñaste el arte
de las letras.
FRB

A mi padre, Don Adolfo†,
quien me presentó las letras
y el amor por el español.
GASG

"Si un niño no puede aprender
de la manera que se enseña,
es mejor enseñarlo de la manera
que él pueda aprender"

Marion Welchmann

ÍNDICE

Índice

Prólogo

La lectura y la escritura están inmersas en nuestra vida diaria. Con mayor o menor frecuencia, leemos novelas, revistas, mensajes en nuestros teléfonos celulares, los subtítulos de una película, anuncios en la calle, periódicos y páginas de internet. Con mayor o menor destreza, escribimos correos electrónicos a familiares o amigos que están lejos, tareas escolares, informes laborales, recados, cuentos, cartas y *tweets*. Al realizar estas actividades nos conectamos con el mundo y la información que nos rodea, los interpretamos y nos comunicamos.

En términos generales, las personas sordas enfrentan mayores obstáculos que la mayoría oyente para acceder con eficiencia al universo de la lecto-escritura descrito arriba. Ante esta situación, los maestros tenemos la obligación de reflexionar permanentemente sobre nuestra acción pedagógica con niños y adolescentes sordos. Para llevar a cabo esa reflexión necesitamos contar con referencias confiables que nos permitan identificar si nuestros esfuerzos están bien dirigidos o es necesario hacer un alto y cambiar el rumbo. Tales referencias a menudo son difíciles de encontrar.

En el manual *Introducción Habilidades del pensamiento y lecto-escritura con alumnos sordos*, el lector hallará orientaciones y estrategias puntuales para potenciar su trabajo cotidiano en el aula. Sin duda, la propuesta más importante de este texto es la de incorporar a los programas de estudio la enseñanza de habilidades del pensamiento que permitan a los alumnos sordos no solo adquirir información, sino también alcanzar un nivel de aprendizaje más profundo, incluido, por supuesto, el aprendizaje de una segunda lengua en su modalidad escrita. Esas orientaciones y estrategias se complementan con una valiosa selección de diversas actividades que retoman el principio lúdico como factor de aprendizaje de un idioma.

Además, el texto revela poco a poco una serie de premisas que nos invitan a analizar si en la enseñanza de la lecto-escritura los profesores actuamos tomando en cuenta el contexto lingüístico, familiar, cultural y social de los niños y adolescentes sordos o seguimos conceptos imprecisos e inercias que nos impiden avanzar. Tales premisas ponen a prueba nuestras nociones sobre la forma en que los alumnos sordos aprenden español o la imagen que tenemos sobre lo que significa pensar. Incluso, el dominio del español que creemos poseer puede ser objeto de examen y, tal vez, al leer el manual descubramos que hemos olvidado algunos conceptos esenciales de la gramática del idioma. Todo lo anterior es una inestimable contribución del manual: su lectura motiva a los profesores a reflexionar sobre sí mismos y sobre su praxis docente.

De este modo, los autores de *Introducción Habilidades del pensamiento y lecto-escritura con alumnos sordos*, Fabiola Ruiz Bedolla y Guillermo Sánchez, han construido un marco de referencia para atender las inquietudes y dudas de los maestros y padres de familia que quieren mejorar sus habilidades para la enseñanza de la lecto-escritura a alumnos sordos. Las páginas de este manual también reflejan la experiencia que la autora ha acumulado en más de dos décadas de trabajo con personas sordas en los ámbitos de la psicoterapia y la educación.

Celebro el nacimiento de este manual e invito a los a maestros y familiares de niños y jóvenes sordos a disfrutar de su lectura, pero, sobre todo, los invito a "sacarle jugo" para potenciar su labor educativa.

Miguel Ángel Dorantes Mendoza

Introducción

Usted, la persona que lee estas palabras, seguramente no está pensando que el idioma español es el que sirve de medio de comunicación en este momento, no, simplemente lee. Tampoco tendrá en mente cómo es que lo aprendió, o tal vez tenga una idea vaga, o un recuerdo borroso con la imagen de su maestra de primaria pronunciando en forma exagerada "aaaaa" mientras señalaba un dibujo de una abejita; o podría ser que la recuerde explicándole la forma de escribir la palabra "oso" mientras veía un círculo muy grande al lado del dibujo de un animal silvestre que atacaba un panal con miel. Después de ello, igualmente recordaría la forma en la que se aprendió una canción para cantar en la escuela, cómo le entregaban en una hojita de papel la letra de la canción que entonarían junto a un árbol navideño o para la bandera nacional. Puede ser que lo recuerde o no, pero lo que sí le puedo asegurar es que antes de conocer las letras, saber cómo funcionan en conjunto o lo que representa cada una por separada, antes de eso, usted sabía que si pronunciaba la palabra "abeja", entendía que se trataba de un insecto volador que produce miel; si lo que se decía era la palabra "oso", la imagen era del peludito que devoraba esa miel, todo ello sin saber la forma en que se escribía, ¿me equivoco?, sé que no.

Ahora, lo invito a pensar, ¿cómo cree que una persona que no escucha, tenga que aprender la forma en que se representa gráficamente lo que es una abeja o un oso? Habrá que comenzar por saber si esa persona representa en su mente lo que es uno u otro animal; si sabe cuál es el insecto que produce esa jalea que simplemente saborea en el desayuno y si está informado sobre la alimentación predilecta del mamífero peludo. No lo sabemos, deducimos que sí lo sabe, porque, bueno: "es lógico"... objetivamente lo invito a pensar: ¿es lógico?, muchas veces no lo es. No me malinterprete antes de tiempo, no es que esté afirmando que por el simple hecho de ser sordos también esté asegurando que son tontos y no comprenden la sencillez de ver una abeja y entender que es, no es así; mi afirmación va en el sentido de que, muchas de estas personas no consolidan el lenguaje al igual que los oyentes, eso influye en procesos cognitivos, en razonamiento, en comprensión, en aprendizaje, en..., en..., en muchos más "en"...

Con esas consideraciones, trate de imaginar, si como oyentes aprendemos primero las palabras y luego los conceptos, o los conceptos y luego las palabras (no hay problema porque en ello utilizamos la frase matemática "el orden de los factores no altera el producto"), no tenemos que hacer que quien cuenta con otras vías de aprendizaje y, por consiguiente, otros mecanismos, tenga que aprender igual que la mayoría tan sólo por el hecho de ser nosotros la mayoría. En otras palabras, si le presentaran frente a usted un "elicantripoide", tal vez lo haya visto alguna vez, tal vez no, pero no por haberlo visto ya sabe su nombre, qué es, qué come, para qué sirve y, principalmente, como se escribe su nombre; tendría primero que haberlo visto y luego preguntar cómo se llama eso o, al revés, primero saber cómo se llama y luego mirarlo y poder decir interiormente "¡ah, era eso!"; lo que es peor, pudo haberse hecho una imagen en su mente de lo que significa esa palabra, pero no se imagino usted que la palabra "elicantripoide" la acabo de inventar, aunque es así. Ahora piense que leyó la palabra y no se imagina nada porque no la sabe leer, ¿qué pasaría por su mente?, ¿qué se imaginaría?, ¿qué se preguntaría?, la respuesta a esas preguntas sería una sola palabra: NADA. Entonces póngase en el lugar de un estudiante que quiere leer esa palabra inventada pero no la puede leer, es más, ni siquiera la ve, y que de cualquier modo llegue el profesor y le diga que tiene que entenderla, aprenderla, saber si se trata de un animal volador o si come miel o si zumba o si ladra, todo lo tiene que aprender como el profesor lo aprendió cuando él SÍ podía verla, ¿aprendería?, ¿sería agradable?, ¿le gustaría hacerlo así con todas las palabras que existen? Entonces, entendamos que los sordos no aprenden español igual que los oyentes. Ese, es el motivo de esta publicación.

El español con alumnos sordos

Como es bien sabido para los académicos, investigadores y maestros que trabajan directamente con alumnos sordos, el español es imprescindible porque les permite el acceso a información que diversifica sus aprendizajes; pero que en términos prácticos les ayuda a poder estar al día de lo que acontece en nuestra cotidianeidad. Como lo menciona Lissi, R. (1998) les da la pauta a seguir la información a través de diversas fuentes de información así como a su incursión en temas relacionados a aspectos artísticos y culturales que además fomentan el enriquecimiento del uso de la literatura en su vida.

A pesar de esta necesidad de independencia que nos da poder acceder libremente a la información, no es un tema sencillo de abordar por los obstáculos continuos a los cuales se enfrentan los sordos. Los niveles de lectura que alcanzan los sordos están por debajo de los niveles que alcanzan los oyentes, muchos en el mejor de los casos alcanzan un nivel de lectura de 3o. o 4o. grado, son muchos académicos en diferentes latitudes han trabajado e investigado al respecto (Allen, 1986; Marchesi, 1987, Marschark, 1993; Skliar, Massone & Veinberg, 1995) y aun en la actualidad aunque existe mayor oferta académica para que alumnos sordos incluso estén incorporados a espacios educativos inclusivos y en contextos de educación media y superior, el reto sigue siendo el mismo, los niveles que alcanzan en sus competencias en lecto-escritura con relación a sus compañeros oyentes están por debajo de lo requerido.

Las causas siguen siendo en parte las mismas: una exposición tardía a la lengua de señas y el aprendizaje de las estructuras gramaticales con modelos lingüísticos inadecuados, esto provoca que el pensamiento y la organización del mismo sea desorganizado y que se piense que cualquier persona sorda posee el mismo nivel lingüístico. Sin embargo, esto no es así por los argumentos anteriores, el problema que surge es cuando asumen que su discurso es claro cuando no existe todo este procesamiento de los elementos del lenguaje. Otros factores son: el tipo de enseñanza y las deficiencias que regularmente presenta; las expectativas que tengan los padres oyentes con respecto a sus hijos sordos; los mecanismos que tienen los padres sordos con hijos sordos, quienes a pesar de contar con la lengua de señas, muchas veces no fortalecieron recursos y habilidades con sus hijos porque ellos mismos no obtuvieron esa posibilidad; adicionalmente, no contar con el código fonológico que les da cercanía con la lengua oral al hacer asociaciones entre el sonido y la grafía; hacer uso de una lengua cuyo vocabulario o léxico se ha visto limitado por los niveles educativos a los que no habían podido llegar y que les demanda un mayor crecimiento conceptual, lingüístico y sociocultural.

Habilidades del pensamiento en el aprendizaje del español como segunda lengua

Uno de los objetivos de esta publicación es ofrecer elementos de manera inicial para apoyar a los profesores que están frente a grupo con alumnos sordos, los cuales se ven confrontados a ofrecer recursos que apoyen el aprendizaje de sus estudiantes en diversas áreas; pero en lo fundamental es el aprendizaje de la segunda lengua de forma escrita para tener acceso a los contenidos de otras asignaturas y de información que les será útil para su vida cotidiana.

Enfocar la atención en las habilidades del pensamiento en cuestiones que tienen que ver con el aprendizaje de una segunda lengua, como lo sería el español para las personas sordas, ha sido un tema poco explorado y por ende poco aprovechado, de tal manera que no se han optimizado sus bondades. En primer lugar, regularmente se suele creer que LOS SERES HUMANOS PENSAMOS POR EL SIMPLE HECHO DE SERLO, lo cual es una afirmación que no define a la persona por antonomasia, o de otro modo más sencillo, todas las personas en teoría, "pensamos", pero eso no quiere decir que lo hagamos de manera estructurada, ordenada e informada. En muchas ocasiones, por el contrario, nuestro pensamiento responde a nuestros prejuicios, experiencias, distorsiones de la realidad y a la calidad de la información a la que estamos expuestos.

Por ello es que las habilidades del pensamiento influyen en la forma que desarrollamos y construimos nuestra calidad de vida, lo cual quiere decir, a su vez, que la calidad de nuestro pensamiento influye de manera importante en quiénes somos, la forma en la que nos relacionamos y en nuestros recursos para la vida.

Nuestros pensamientos permean en nuestra vida y en la calidad de esta, por lo que el objetivo entonces sería "enseñarnos a pensar" ejercitando una serie de recursos que favorezcan dicho proceso. Por eso es que estoy de acuerdo en la premisa de "enseñar a pensar" a los niños, a los jóvenes y a nosotros como adultos sobre muchos de los cambios que se han generado a partir del uso de las nuevas tecnologías y lo que conllevan.

Entonces pensemos, ¿cuáles son las actividades en las cuales enfoca su energía y conocimiento el profesor que trabaja con alumnos sordos?

La respuesta no es única, ni simple, ya que en primera instancia dependerá del conocimiento que tiene el profesor sobre la población con la que trabaja, porque a pesar de hablar de sordos, no todos los sordos son iguales, depende mucho de la exposición que haya tenido a la lengua de señas como primera lengua el niño, el joven o adulto sordo, así como a su nivel lingüístico, a la estimulación y apoyo recibidos por sus familias, al tipo de ganancia en cuanto a restos auditivos, a los recursos que han sido usados para fortalecer el uso del español de manera oral, al nivel educativo del alumno sordo y familia, a la aceptación de la condición, a los vínculos que sostienen con la Comunidad de Sordos e incluso al coeficiente intelectual que posee cada alumno.

En mi experiencia al trabajar con alumnos sordos, he podido observar diversos contextos y condiciones en las cuales el alumno sordo se desenvuelve. He constatado a través de esas observaciones, de los testimonios y experiencias de alumnos y docentes durante cerca de 25 años, que son prejuicios por desconocimiento, frustración y dificultades por no saber cómo y qué enseñar. Pero lo justo es añadir los rezagos lingüísticos que presentan debido a un nulo contacto con una lengua o a una deficiente estimulación en este sentido que deriva en afectaciones serias en diversos procesos del pensamiento, en su desarrollo socioafectivo y en su independencia no sólo como futuro adulto, sino como alumno del cual se espera que paulatinamente se haga cargo de sus procesos de aprendizaje como cualquier otra persona.

El alumno sordo regularmente tiene muchos retos que sortear para poder avanzar en el cumplimiento de sus metas académicas, la primera es que la familia y su entorno definan las funciones que deben desarrollar para facilitar su proceso personal, familiar y académico. El docente, en muchas ocasiones es quien limita el aprendizaje del alumno sordo, porque si bien la experiencia de serlo nos enriquece con cada alumno que pasa por el aula, eso no quiere decir que alimenten ideas de que "aprenderán" sobre la marcha la lengua de señas y con ello todo lo que compete a los procesos de enseñanza que involucran al alumno sordo. Esta visión en gran parte es responsabilidad de un sistema educativo en México deficiente que les hace creer que tienen las competencias para trabajar con ellos y no les dan bases confiables para hacerlo. Esto que menciono es un argumento que he encontrado en diferentes ámbitos, el problema no es NO SABER, el problema radica en CREER que saben o en la actitud simplista que se toma al respecto. No se dan cuenta de que tienen en sus manos un reto muy importante: el futuro educativo y académico de los niños sordos y en gran medida son responsables de ello. Algo intrínseco de esta responsabilidad es la enseñanza de la que debiera ser su primera lengua (la lengua de señas), la enseñanza de una segunda lengua y la transmisión de conocimientos, así como el fortalecimiento de habilidades a través del uso de ambas lenguas dentro de ambientes óptimos de aprendizaje que les permita a su vez, el acceso a la educación bilingüe de la que tanto se habla y la que es difícil consolidar.

Un aspecto adicional que he observado, y escuchado en conversaciones que he sostenido con docentes dedicados a la educación de alumnos sordos en diferentes niveles, es que mucha energía, tiempo y recursos los enfocan en la disciplina del grupo con el que estén trabajando; se enfocan en la diferencia observando lo que no hay, en lugar de redoblar esfuerzos en sus talentos, hacen énfasis posteriormente en nivelar la competencia lingüística de los alumnos (aunque realmente no lo definen así), sin lograrlo porque tampoco son competentes en el uso de ambas lenguas de trabajo; buscan la comprensión de conceptos en la primera lengua para después incorporarlas a la segunda, pero sin tener conocimiento claro de los estadios del pensamiento y de la transición del pensamiento *sensoriomotor* al pensamiento abstracto como lo señala Piaget.

Es claro que el lenguaje es el principal instrumento de comunicación, además de que orienta y estructura el pensamiento, nos permite transmitir conocimientos, ideas y opiniones que permiten enriquecer nuestro aprendizaje y el desarrollo del mismo, la lectura y escritura permite plasmar toda esta información, hacerla accesible a otros, sin límites.

En términos prácticos, el aprendizaje no se refiere al mero proceso de acumular conocimientos o en la reproducción automática de los mismos, tampoco es sólo llevar a cabo un procedimiento. El aprendizaje requiere de habilidades del pensamiento que involucran la transformación de información haciendo uso de ella para resolver problemas, desde los más cotidianos a los más complejos.

Según Valenzuela, J. (2008) aprender profundamente implica comprender de manera profunda, lo cual tiene que ver con la vinculación entre los conocimientos previos y la información que se construye al profundizar y a la extensión de la información. El proceso de profundización del aprendizaje está relacionado con la manera en que se establecen relaciones entre el conocimiento y la información que esté mayormente relacionada con las mismas áreas de conocimiento, lo cual conduce al aprendizaje significativo que trasciende el uso del conocimiento y no lo delimita a una disciplina, sino a una interconexión con diversas áreas y se amplía a la cultura y a la cotidianeidad, esto a su vez, promueve una visión trascendental del conocimiento y la transforma en imprescindible. Esto no se logra meramente a través de las conexiones que se establecen entre la nueva información, la experiencia y los conocimientos previos, todo esto requiere ser enriquecido continuamente y transformado por el dominio en la ejecución de operaciones mentales como explicar, mostrar evidencias, conceptualizar y dar ejemplos que lleven a la generalización y a la especificidad que pueda ser aplicado a nuevas y diversas situaciones.

En este sentido, el aprendizaje profundo excede por mucho la mera adquisición y reproducción del conocimiento, se vincula con un nivel de comprensión más elaborado y con la capacidad de un procesamiento más complejo de los contenidos.

Leer y escribir son actividades que resultan indispensables para los aprendizajes formales, sin embargo son procesos complejos y más cuando hablamos de niños y jóvenes sordos que continuamente están contrastando el uso de dos lenguas que regularmente aprenden o a las que tienen exposición en contextos que no son naturales para poder al menos adquirir una de ellas de manera natural y espontánea.

El pensamiento crítico nos lleva a procesos de análisis y síntesis que nos permiten reflexionar sobre cualquier tema, información o problema. Esto favorecerá a su vez, una mejora en la calidad de los filtros que usemos para comprender y cuestionar los la información para de esta manera someterla a estándares intelectuales.

Cuando estamos frente a dos lenguas con las cuales se quiere comprender mejor el mundo que nos rodea como es el caso del español y la lengua de señas, el pensamiento crítico debe estar presente para poder establecer mecanismos que nos lleven a la reflexión y a la conciencia lingüística de las lenguas con las cuales se está representando el mundo.

En lo que se refiere a habilidades del pensamiento, entonces es necesario que el alumno desarrolle pensamiento de buena calidad que fomente la conexión con diversas disciplinas, contenidos y la forma en la que ese conocimiento opere en situaciones prácticas cotidianas hasta la resolución de diversas situaciones. Esto implica que se favorezca el pensamiento crítico, creativo y metacognitivo (Beas, 1994).

Según Paul, R. Elder, L. (2003) lo que requiere un pensador crítico y experimentado son los siguientes puntos:

1. Formular preguntas de manera clara y precisa con respecto a algún problema que le competa o interese.

2. Almacenar y evaluar información importante y abstracciones para poder interpretar a su vez esa información de manera efectiva.

3. Valorar posibles soluciones a diversos problemas y probarlas con criterios que le sean relevantes.

4. Llegar a conclusiones sobre la forma en que resuelve, cotejando los resultados.

5. Poseer una mente abierta que le permita transitar en sistemas alternos de pensamiento.

6. Reconocer y evaluar cuando es necesario las implicaciones y consecuencias prácticas.

7. Al idear soluciones a problemas complejos, consigue comunicarse efectivamente.

Para consolidar el pensamiento crítico se requiere la disciplina, la regulación y la posibilidad de corrección personal y someterse a una evaluación rigurosa de los patrones que lo regulan y el dominio en su uso. Involucra las habilidades de pensamiento que lo lleven a la resolución de problemas con una comunicación efectiva con la posibilidad de trascender barreras del pensamiento egocéntrico.

Dicho de otra manera, **el pensamiento crítico** permite procesar y reconstruir la información que continuamente recibe para poder sustentar sus creencias y opiniones para que, en función de ello, se tengan herramientas para la resolución de problemas y la toma de decisiones.

En cuanto al **pensamiento creativo**, es aquel que está en el rubro de la inventiva, el que, como su nombre lo dice, crea nuevas ideas, alternativas y soluciones interesantes. En el pensamiento creativo lo esencial es desde una perspectiva constructivista, como lo mencionaba Piaget (1971), comprender e inventar estableciendo conexiones nuevas y constantes entre lo que se sabe y lo que se aprende para de este modo estructurar el conocimiento de carácter significativo.

De este modo es que el pensamiento crítico y creativo se retroalimentan a través del aprendizaje y procesamiento de estrategias y que, a su vez, alimente la generación de nuevas ideas.

En el caso del **pensamiento metacognitivo**, este se encarga de llevar a la autoreflexión o bien a reflexionar sobre sí mismo y descubrir los propios proceso de pensamiento para ir más allá, indagando sobre procesos, emociones y habilidades que permitan analizar, monitorear y regular los factores que afectan al pensamiento. Debido a que este último tipo de pensamiento no se da de manera espontánea, sino a través de un proceso educativo cuyo resultado depende de la enseñanza de habilidades de pensamiento; es a través de esta enseñanza que se busca el alumno adquiera las destrezas necesarias para la resolución de múltiples operaciones con los conocimientos que adquiere.

La dificultad principal cuando hablamos del desarrollo de habilidades del pensamiento en alumnos sordos es el conflicto que representa para ellos tener contacto con su primera lengua, de tal manera que a la par pudieran fortalecerse y enriquecer los diferentes tipos de pensamiento.

Es prioritario entonces la enseñanza de habilidades del pensamiento en el contexto escolar y saber cuáles son necesarias enseñar y profundizar en los contenidos que tendrían que formalizarse de acuerdo al currículum escolar que le permita al alumno ahondar y refinar sus conocimientos.

El conocimiento, según Marzano (1992), requiere de destrezas intelectuales para integrar cada día nuevos conocimientos a través de la construcción de significados, organización y almacenamiento de la información que requiere de rigor y razonamiento que regularmente se presenta de manera posterior a la adquisición e integración del contenido inicial.

Marzano (1992) y sus colaboradores proponen las siguientes destrezas de pensamiento que estimulan el razonamiento al profundizar sobre la información que se adquiere:

1. **Comparación.** Permite en primera instancia la identificación y la organización de las semejanzas y diferencias entre los objetos.
2. **Clasificación.** Busca agrupar objetos en categorías con respecto a los atributos y características que se observan en cada uno de ellos.
3. **Inducción.** Es la posibilidad de hacer generalizaciones o principios a través de la observación y el análisis.
4. **Deducción.** Permite inferir sobre las consecuencias relacionadas con determinados principios o generalizaciones.
5. **Análisis de errores.** Favorece la identificación y articulación de los errores en el razonamiento propio o en el de otros.
6. **Elaboración de fundamentos.** Da la pauta para construir un sistema de pruebas que le sustentar hipótesis, ideas o afirmaciones.
7. **Abstracción.** Promueve la identificación del patrón general o el tema subyacente a la información o contenidos.
8. **Análisis de diferentes perspectivas.** A través de este análisis se puede identificar y articular el punto de vista personal y el de los demás.

Es entonces que estas habilidades del pensamiento tendrían que fomentarse y ponerse a disposición del alumno sordo como herramientas que le permitan procesar la información y profundizar paulatinamente cada vez más en la construcción del conocimiento. De otra manera, el conocimiento se tornaría en el almacenamiento de información que será olvidado tras la evaluación.

En el caso de los alumnos sordos, se apela en gran medida a su memoria visual para poder hacer uso del español en su forma escrita, no es incorrecto que tengan que hacerlo más, pero se promueve poco o casi nada en su aprendizaje el uso y fortalecimiento de las habilidades del pensamiento.

Durante mucho tiempo, los programas educativos que están orientados para el groso de la población, han tratado de adaptarse para la enseñanza del currículum escolar con alumnos sordos, esto para que puedan tener acceso a los contenidos. Sin embargo, estos esfuerzos han sido insuficientes porque se ha obviado que su aprendizaje escolar es de carácter disciplinar, pero junto con los contenidos deben considerarse los propósitos y métodos, así como las formas de comunicación de la disciplina (Perkins, 1999).

Es entonces que si observamos los contextos del alumno sordo, la adquisición de su lengua irá de la mano con la adquisición y apropiación de estas habilidades que a su vez les permita el aprendizaje de la segunda lengua, en este caso el español; se trata de que a pesar de requerir del trabajo constante a través de los años, este no sea un esfuerzo infructuoso, y por el contrario, se convierta en una disciplina concreta desde su lógica interna, que los contenidos los construya con métodos específicos y que estos se den con un propósito. De ahí el trabajo interdisciplinario y la transversalidad en los contenidos y asignaturas.

Es importante señalar que para poder poner en práctica las habilidades de pensamiento, se requiere de la mediación simbólica dada por el dominio específico a través del que se despliegan estas destrezas.

Los aprendizajes además tienen diferentes niveles de profundidad y siguiendo la clasificación de Beas, Manterola, Santa Cruz y Carranza (1996) se puede mencionar:

Nivel 1. Da cuenta de una demanda que sólo exige

la reproducción de la información. En esta podemos encontrar la enumeración de características de un objeto, evento o situación, el reconocimiento o recuerdo de una fecha.

Nivel 2. En un nivel intermedio, es la capacidad para poder llevar a cabo una serie de operaciones mentales relacionadas a un contenido y utilizando la información que es dada. Este nivel es construido a través de la comparación a partir de criterios que se establecieron previamente, o en el ordenamiento secuencial de algún o algunos acontecimientos o sucesos.

Nivel 3. El de mayor profundidad de acuerdo a esta propuesta, es la capacidad de reelaboración subjetiva que tiene el sujeto, ésta se lleva a cabo gracias a la información que tiene a disposición y agrega dimensiones de la información que es implícita o que no ha sido explicitada. En este rubro entran las tareas de completar un mensaje conforme a parámetros lógicos de los hechos que antecedieron, a la inferencia de diversas características a partir del relato de los hechos, da instrucciones o pasos a seguir.

Es entonces que estimular un Pensamiento de buena calidad, tiene que ver con la estimulación de todas estas herramientas para tener como intención el aprendizaje de los contenidos escolares, para que el alumno sea capaz de llevar a cabo diversas operaciones con el conocimiento que adquiere y, de este modo, hacer la vinculación con diferentes disciplinas desde lo básico hasta lo más complejo.

Se espera que el alumno sordo igual que el oyente se apropie y consolide estas destrezas en el proceso mismo de aprendizaje en el contexto escolar y no use estos contenidos como algo arbitrario o sin sentido; por el contrario que dentro del aula pueda ejercitar estas habilidades incorporándolas como una disciplina parte de su aprendizaje.

Marzano (1992) junto con su equipo, proponen que para que estas habilidades sean eficaces requieren acompañarse de los siguientes elementos:

a) Un diseño de clase que haga imprescindible el uso de esas destrezas y sean significativas por la generación de conocimiento nuevo y propone cinco tareas para que esto sea posible: la toma de decisiones, la investigación, la indagación experimental, la solución de problemas, y la invención.

b) Que se considere seriamente la coherencia del diseño pedagógico con la evaluación. De hecho, sabemos que la forma de evaluar condiciona de forma importante el qué y el cómo se aprende. De ahí que sea importante la evaluación no sólo a través de la reproducción de contenidos como se hace en las evaluaciones tradicionales, sino en la creación de proyectos educativos que los lleven a la toma de decisiones, les permita indagar y los lleve a generar posibles soluciones de manera creativa.

c) Y finalmente, que esta enseñanza se vea acompañada de una estimulación constante de hábitos mentales autorregulatorios o metacognitivos, críticos y creativos.

En el caso de la autorregulación son necesarios hábitos mentales que permitan la conciencia del propio razonamiento, la planificación y saber qué tipo de recursos requiere, así como tener apertura a la retroalimentación para evaluar la eficacia de los resultados obtenidos por las propias acciones.

En el pensamiento crítico es necesario buscar la precisión, la claridad a través de la apertura y limitar la impulsividad, así como tener una postura determinada ante diversas situaciones cuando sea requerido sin dejar de ser sensible al conocimiento, opiniones y posturas de los demás para poder consolidar un pensamiento más riguroso (Saiz y Nieto, 2001).

Para los alumnos sordos es fundamental que los hábitos mentales les lleven al desarrollo de diversas tareas a pesar de que las soluciones y respuestas no aparezcan de inmediato. Es importante también fomentar en ellos la capacidad para superar los límites de su conocimiento, sus capacidades, generar, confiar y mantener sus propios estándares de evaluación y llevarlos a indagar sobre nuevas formas de observar las situaciones más allá de lo convencional y asociar todo ello con el razonamiento creativo.

No se trata de dar recetas específicas, pero sí de sugerir la implementación de estas habilidades del pensamiento como clave esencial del aprendizaje escolar que obviamente incluye el aprendizaje de una segunda lengua.

Estas habilidades se tienen que abordar desde el inicio y enseñarlas conjuntamente con los contenidos a través del diseño de clase que haga imprescindible su uso con un sistema de evaluación que permita ver los alcances del alumno y lo estimulen continuamente.

[illegible]

[illegible] (Pérez y Pérez, 2004).

Para los alumnos resulta [illegible] que las [illegible] preguntas las lleven al [illegible] de [illegible] [illegible] de pensamiento. Lo importante radica en fomentar, en ellos, [illegible] ro, sus capacidades, generar, confiar y mantener sus propios estándares de evaluación y llevarlos a indagar sobre nuevas formas de observar las situaciones, más allá de lo convencional y apreciar todo ello con el favo[illegible] pensamiento creativo.

[illegible] la implementación de estas habilidades del pensamiento como clave esencial del aprendizaje escolar que obviamente incluye el aprendizaje de una segunda lengua.

Estas habilidades se [illegible] que ayuden desde el inicio [illegible] [illegible] [illegible] del alumno y se desarrollen continuamente.

El acceso a la lectura desde edades tempranas en los niños sordos

La lectura es un proceso de comunicación al igual que el lenguaje, ambos son producto de la necesidad que tiene el ser humano para transmitir su pensamiento, por lo que requiere elementos que le permitan enriquecer su comunicación con otros.

Uno de los retos importantes es la enseñanza del español a alumnos sordos a través de la escritura y la lectura, ya que además de ser una fuente importante de información a la cual pueden acceder a pesar de las dificultades que esto les representa, también les permite hacer frente a los retos cognitivos, sociales y personales de su vida; con ello también pueden sentirse seguros, confiados, reconocidos y valorados en la expresión de sus ideas, opiniones y emociones como los demás.

Algunos propósitos que como docente se requiere tener para acercar la lectura a los niños sordos pequeños son los siguientes:

- Comprender qué función tiene la lectura en el desarrollo integral del niño sordo.
- Reconocer cuáles son los prerrequisitos del proceso de lectura en los niños sordos a nivel preescolar.
- Entender el proceso de desarrollo y jerarquía de habilidades cognitivas asociadas al proceso de lectura.

- Relacionar paulatinamente el proceso de lectura con el proceso de escritura observando las características de los alumnos sordos, así como del aprendizaje de dos lengua (su primera lengua y la segunda lengua) en contextos no naturales.
- Implementar y desarrollar estrategias lectoras para implementar con los alumnos sordos concordantes con sus características y el fomento de sus habilidades.
- Formar lectores que sean capaces de fortalecer sus habilidades en el ámbito escolar.
- Lograr que los estudiantes descubran la lectura como una actividad de gozo y disfrute personal.
- Fomentar a través de la lectura una actitud reflexiva y crítica ante los acontecimientos que vive cotidianamente y usar la vinculación como medio de reflexión.
- Evaluar el nivel y la calidad lectora que cada alumno tiene y generar continuamente estrategias para su mejora.

Algo que es importante recalcar, es que todo aprendizaje nuevo debe ir acompañado de emociones positivas para que éste se torne significativo y el niño pueda sentir que es parte del mismo para poder generalizarlo y transferirlo a otras áreas de conocimiento como parte de sus habilidades del pensamiento.

En este material sugeriremos algunas actividades para el trabajo con alumnos sordos y acompañar en el trabajo inicial de la enseñanza del español como segunda lengua.

Lectura y comprensión

A pesar de haber muchos intentos por encontrar métodos que permitan la escrituración de las lenguas de señas, esto no ha sido posible ni funcional, por lo que es un factor adicional a la importancia que tiene que alumnos sordos puedan aprender el español como segunda lengua a través de la lectoescritura. Es por esto que para hablar de comprensión en la lectura, primero es necesario señalar la relevancia que tiene desde el punto de vista cognitivo, ya que permite a cualquier alumno desarrollar sus capacidades y funciones de proceso de información las cuales están ligadas a las habilidades del pensamiento y son explicar, evaluar, comparar, sustituir, contrastar, inferir, descubrir y deducir entre otras; permite, a su vez, el uso de esquemas como medio para organizar y ordenar las ideas para escribir, además de proporcionar recursos para interpretar gráficos, analizar datos y mapas. Además permite tener mayor acceso al aprendizaje, a la cultura y al disfrute de la misma.

Es importante distinguir entre leer y comprender, quizá este desde mi punto de vista sea uno de las dificultades más fácilmente observables entre los alumnos sordos, pero no es un obstáculo por el que transiten solamente ellos, también los alumnos oyentes pueden presentar

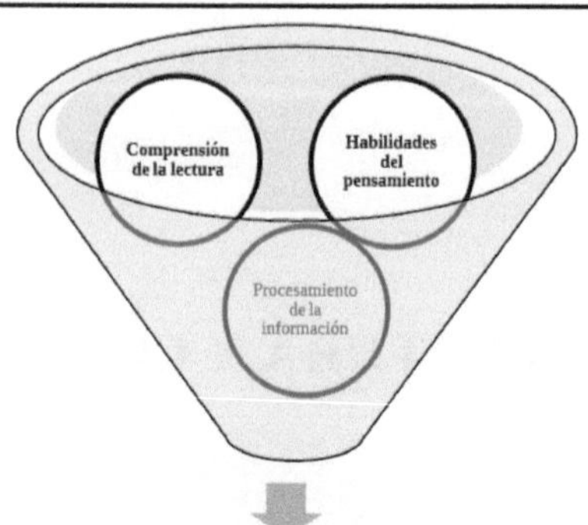

Aprendizaje significativo

Ilustración 1.

estas dificultades. Hace falta reforzar en los contextos escolares la importancia que tiene poder desarrollar la competencia lectora con la finalidad de reforzar el pensamiento crítico para que los estudiantes cuenten con los recursos y herramientas que lo lleven a comprender, reflexionar y tomar decisiones libremente.

Una buena comprensión lectora permite en el alumno el desarrollo de sus capacidades, entre las que se encuentra su imaginación y con ese proceso puede paulatinamente comprender adecuadamente, seleccionar la información, valorarla, resumirla, clasificarla y ponderar desde lo primordial a lo secundario, para que con el procesamiento de la información se logren aprendizajes que sean significativos.

El rol del docente es crucial para que el alumno sordo evite frustrarse y presente conductas de resistencia ante la lectura. Es importante que el profesor medie para estimular la lectura a través de los conocimientos previos o generar curiosidad.

Como se ha mencionado antes, es importante que el docente considere las características cognoscitivas, la experiencia y la actitud que tiene el alumno ante la lectura, ya que esto influye sobre los significados que atribuye al texto y a sus partes. El texto en sí mismo no contiene el significado, éste emerge de lo que el texto presenta y lo que el lector le aporta. Por ejemplo, en el caso de una novela, quizá el autor tenga una intención específica en el manejo de su historia y ésta pueda tener diferentes apreciaciones de acuerdo al lector y a las experiencias del mismo.

A esto se suma el conocimiento que va construyendo el alumno sordo con respecto al uso del español como segunda lengua con sus respectivas reglas gramaticales y estructuras, además de que a mayor conocimiento y fomento del mismo por parte del profesor con sus estudiantes se propiciará una mayor comprensión conforme a la organización que haga de su conocimiento, de la competencia lingüística que tenga en ambas lenguas de trabajo y del conocimiento que tenga de ellas.

El fomento de la comprensión lectora también se da gracias a la selección que el profesor haga de los textos y siempre considerando el nivel con el que cuentan sus estudiantes, ya que se comprende la información por los conocimientos previos que tenemos, pero también gracias al enriquecimiento de las habilidades del pensamiento que fortalecemos para relacionar e integrar la información.

Cuando el alumno falla en la construcción del significado que tiene el texto regularmente es porque no comprende alguna palabra y si añadimos que en el caso de los alumnos sordos esto se vuelve una constante porque el español no es su primera lengua y carece de mucho de su vocabulario, también es real que muchos conceptos no se encuentran dentro de su bagaje en lengua de señas, lo cual les impide doblemente la construcción del significado. Puede también ser que el vocabulario lo conozcan, pero presenten dificultades para comprender una oración, o bien la relación que tiene una oración con otra.

Algunas cosas que se hacen como parte del proceso de comprensión en la lectura y sobre todo cuando hablamos del aprendizaje de una segunda lengua en la cual se fomenta la comprensión de textos es: reconocer palabras o vocabulario, tratar de relacionar o conectar las oraciones entre sí, se jerarquizan ideas a partir del texto y de los conocimientos que tenga el lector y se interrelacionan las ideas de manera global unas con otras.

Para comprender textos se requieren de estrategias y éstas deben ser enseñadas de manera explícita en el caso del aprendizaje de una segunda lengua. Las siguientes son algunas de ellas:

1. **Identificar y seleccionar vocabulario.** Es muy importante que el alumno cuente con la capacidad para identificar y seleccionar el vocabulario que contenga las ideas que sean de apoyo en la comprensión del texto.
2. **La anticipación.** Las predicciones que realice el lector serán cruciales como elementos que permitan anticipar el contenido del texto, desde la comprensión de una oración o la relación que tienen para poder dar coherencia, hasta la lógica de una explicación o los elementos que integran la organización del texto como serían la introducción, el clímax o desenlace de una historia.
3. **Inferencias.** En este caso, es la posibilidad de hacer deducciones y sacar conclusiones de ellas en función de lo que está implícito en el texto.

Estrategias lectoras para implementar con alumnos sordos en el aula

Dentro de las estrategias más importantes a desarrollar con alumnos sordos para fortalecer el aprendizaje del español como segunda lengua está la exposición continua con diversos textos desde aquellos que fomenten su expresión como el uso de diarios interactivos, hasta aquellos que contienen textos informativos que le permiten conocer sobre acontecimientos o sucesos como periódicos y revistas; así como el conocimiento de los diversos estilos literarios como el ensayo, la poesía, la narrativa o el teatro, los cuales permiten ver su composición a través del estilo, forma y tono. También están los textos académicos y científicos que requieren mayor sofisticación en los contenidos de acuerdo a los temas que se aborden y a las áreas específicas que contienen.

En el caso tanto de niños como jóvenes el cuento es un recurso que no sólo los vincula con la lectura, sino también con su experiencia y por ello se torna significativa en tanto el docente cuente con los recursos para incorporarla de manera espontánea en función de las necesidades que surjan en su salón, pero a su vez orientando todos estos recursos hacia objetivos específicos que consideren sus niveles de aprendizaje, intereses y objetivos a alcanzar.

¿CÓMO ELEGIR CUENTOS PARA TRABAJAR CON ALUMNOS SORDOS?

Como lo menciono anteriormente es importante conocer cuáles son los objetivos que se desea cubrir con la elección de un cuento. La lectura es con niños particularmente debe ser lúdica sin lugar a dudas, pero también como docentes debemos ser concordantes con los programas y contenidos que se requiere abordar de acuerdo al grado escolar en el cual se encuentren. Para esto tendríamos que responder las siguientes preguntas: ¿el tema está incluido dentro de los programas del grado?, ¿el tema es claro para el docente?, ¿lo domina?, ¿qué apoyos requiero para abordarlo? (actividades o materiales), ¿cómo saber si puede funcionar?, ¿y si no funciona cómo puedo saberlo y hacer nuevas adaptaciones? Que el tema no esté dentro de los contenidos del programa escolar, no quiere decir que el profesor no deba incorporarlo, porque es altamente probable que por alguna razón quizá algún o algunos alumnos muestren interés por otras áreas o temas de acuerdo a la experiencia personal, si este fuera el caso es necesario pensar entonces en la forma de hacer las adaptaciones pertinentes para incorporarlo y la transversalidad nos permite en muchas ocasiones hacerlo.

Algunos aspectos esenciales a considerar es que en una primera exposición los cuentos requieren de muchas imágenes que sean claras y no ambiguas, así como textos en donde las expresiones idiomáticas dificulten que los contenidos sean de fácil acceso por la dificultad en la competencia de ambas lenguas.

Cuando se fomentan las salas de lectura, ésta se convierte en un proceso sociolingüístico, cultural e histórico. El uso de cuentos en los niños sordos, al igual que con niños oyentes promueve la construcción de manera colectiva cuando se trabajan en grupos de lectura, además de que permite el enriquecimiento de procesos mentales más sofisticados como la imaginación, la creatividad y la vinculación de su experiencia con el entorno. Adicionalmente le permite incorporar mayores recursos gramaticales, el incremento de su vocabulario y el desarrollo de nuevos conceptos. Cuando las instituciones educativas invitan a participar y a involucrarse a las familias de alumnos sordos, esto también fomenta que sus vínculos se estrechen.

Leer permite construir y atribuir significado a través de la interacción e integración de diversos tipos de información contenida en los textos, además de hacerlo con otros lectores que pueden diversificar sus aprendizajes con formas de pensar e ideas nuevas. Leer con los niños sordos facilita la construcción de la relación con sus compañeros, los profesores y la familia que esté involucrada.

Algunas de las estrategias propuestas para la lectura con niños tanto sordos como oyentes son las siguientes:

La predicción: El niño sordo debe aprender a imaginar el contenido de un texto a partir de las características que presenta, estas pueden ser la lectura del título ya sea que lo lea él u otra persona, la distribución que presenta el texto y las imágenes que lo acompañan.

La anticipación: Es la posibilidad de descubrir a partir de la lectura de una palabra o de algunas letras que es lo que se va a leer. Como por ejemplo: "Había una vez...", anticipando que se leerá un cuento.

La inferencia: Permite en el alumno sordo completar información que no sea explicita, que está ausente o es implícita. Puede apoyar también a distinguir el significado de una palabra dentro de un texto, por ejemplo conocer incluso expresiones idiomáticas del español que aparentemente no tienen una lógica en lengua de señas.

Es menester que las preguntas que se formulen lleven a los alumnos a hacer deducciones, ya que son un medio para la comprensión de la lectura.

La inferencia como parte de las habilidades del pensamiento permite hacer juicios con respecto a la información, razonar, sacar conclusiones en función de lo que se encuentra implícito y en lo que se fundamenta y en la posibilidad de ver los resultados o posibles consecuencias.

El siguiente ejercicio (Ilustración 2) es un ejemplo que el docente puede trabajar con alumnos sordos y puede empezar desde textos básicos a textos más complejos.

Es importante fomentar en el estudiante la discriminación del significado y sentido que tiene el vocabulario para que puedan identificar los conceptos clave dentro del texto, como por ejemplo cuando se presentan ciertas palabras en repetidas ocasiones.

Las habilidades básicas del pensamiento como son la observación, la relación, la clasificación y la descripción con respecto a la identificación de secuencias y palabras que tienen mayor relevancia en el texto, permite la eliminación de información accidental, irrelevante o redundante, lo que quiere decir que la información que se omite no es necesaria para la construcción y la interpretación del significado. Permite la integración global de la información y el problema posterior que trae consigo la comprensión de las palabras que son desconocidas.

Afirmación	Inferencia	Clave
Patricia no responde los mensajes en el trabajo después de las 8 de la noche	No quiere invertir más tiempo en el trabajo del que le corresponde	No responde los mensajes
Comienzan a brotar las primeras flores del cerezo	Inicia la primavera	Las primeras flores se dan al inicio de la primavera
Fernando azotó la puerta y al salir golpeo con el puño su auto, subió y arrancó.	Fernando está furioso	Golpea con fuerza, la puerta y su auto
Carlos no se comunicó porque fue a ver a su amigo que estaba herido	Carlos estaba aturdido con la noticia	No se comunicó al saber que había un problema con su amigo

Ilustración 2. Ejercicio para trabajar con alumnos sordos.

Definir y describir una situación o concepto	En el caso de los alumnos sordos y el uso de dos lenguas a las cuales no están expuestos de origen y en específico con la lengua de señas. Este aspecto es crucial porque los sordos aprenden la lengua de señas en el uso convencional con otros sordos y la definición de conceptos muchas veces es inespecífica o se hace el tratamiento del ejemplo como si fuera la definición del concepto, lo cual limita la capacidad de abstracción, provoca falsas concepciones y el uso incorrecto de la lengua o la distorsión del vocabulario. En cuanto al español suceden dificultades en el mismo nivel, ya que a veces la concepción de una seña en contraste con el español puede no ser la correcta y la comprensión de la lectura puede estar limitada a ese concepto o al contexto en el que se encuentra la palabra. Es por ello importante enriquecer estrategias en la comprensión lectora porque una palabra clave puede responder a preguntas como las siguientes: ¿qué es?, ¿qué significa?, ¿cómo es?, ¿cuáles son sus divisiones?, ¿cuáles son sus propiedades?, ¿en qué contextos puedo encontrarla?, ¿qué tipo de palabra es?, entre otras.
Explican cómo se produce	En español una palabra clave puede ayudarnos a entender cuál es su origen, la causa o efecto de la misma.

Comparan y contrastan ideas, objetos o sucesos	Las palabras clave describen las diferencias y semejanzas entre las cosas: ¿En qué se parecen?, ¿en qué son diferentes? La comparación es una extensión de la observación y puede realizarse entre dos o más personas, objetos, eventos o situaciones. También puede ser entre estos elementos y el aprendizaje previo. Permite la identificación de elementos comunes y únicos y consiste en el establecimiento de diferencias y semejanzas. Las semejanzas hacen posible generalizar y el proceso de diferenciar da opción a particularizar y ver las diferencias.
Instruyen sobre cómo hacer o aprender algo	Las palabras clave dicen paso a paso las actividades que hay que realizar para lograr algo. ¿Cómo se lleva a cabo una operación, una técnica o un proceso?
Jerarquizan los hechos	Una palabra clave indica qué sucedió antes y qué después o que es más importante Una vez que se obtienen datos producto de la observación y de la comparación. La mente realiza abstracciones de esa información y establece nexos entre los datos, los informes, las experiencias previas y teorías. Establecer relaciones es conectar los resultados de la exploración, vincular información y por lo tanto, realizar una habilidad de pensamiento un poco más compleja que las anteriores.

Ilustración 3.

La confirmación y la autocorrección: Al iniciar la lectura de un texto, el alumno se pregunta sobre lo que puede encontrar en él y a medida que la lectura avanza confirma, modifica o rechaza las hipótesis que se formuló de inicio.

El muestreo: De toda la información que contiene un texto, el alumno selecciona algunos marcadores que le sean útiles, de tal manera que su atención no se sobrecargue de información innecesaria o bien le dará claves para una segunda, tercera lectura posterior. También tiene que ver con la primera lectura que hacemos cuando queremos indagar de qué trata el libro para ver si es de nuestro interés.

Leer y re-leer

Algunas de las reflexiones que vale la pena hacer es recordar qué aspectos funcionaron para cada uno de nosotros para conseguir leer ¿Cómo y con quién aprendí?, ¿me gusta leer?, ¿qué es lo que más me gusta de leer?, ¿qué tipo de textos me gusta leer?, ¿qué no me gusta leer?, ¿para qué leo cuando leo?, ¿cuál es mi motivación para leer?

Cuando se fomenta la lectura y re-lectura es necesario involucrar a todos los participantes observando las habilidades que cada uno posee y potencializarlas sin que se sientan inhibidos. También es necesario buscar la colaboración entre los participantes para generar seguridad y apoyo entre todos.

Lo anterior puede llevarse a cabo de tres maneras: 1) A través del trabajo con el texto original, 2) La elaboración propia una vez que se ha practicado lo suficiente con el texto original, el estudiante pueden hacer nuevas propuestas para enriquecer el texto o darle una visión diferente y 3) compartirlo y enriquecer la información con la de un compañero.

En cuanto a la escritura es importante considerar: el estilo literario, los personajes, las ideas principales, las estructuras gramaticales y estar en continuo contacto con el deletreo, la morfología, el vocabulario, la puntuación, entre otras cosas.

Actividad 1. ¿Quién soy?, ¿Quién eres?

El objetivo es que el alumno pequeño pueda identificar su nombre y el de sus compañeros y logre incorporar la intención en la escritura interactuando con otros y el impacto que tiene contar con otras alternativas para comunicarse.

De acuerdo a su nivel de escritura se pueden hacer diversas adaptaciones al respecto. Los pasos que se sugieren para el desarrollo de esta actividad son:

1. Dar una hoja blanca a cada participante y un lápiz o pluma.

2. El participante solicitará a cada uno de sus compañeros que en 10 minutos consiga 10 autógrafos de 10 compañeros (puede adaptarse conforme al número de estudiantes en el aula). Este autógrafo puede ser para los más pequeños, un dibujo o un recorte que el docente haya seleccionado previamente y que los identifique con su primera letra o nombre completo según sea el caso y harán un dibujo o escribirán el nombre del compañero. La actividad puede hacerse un poco más compleja conforme al nivel y pedirles una pequeña frase, el nombre a quien va dirigido el mensaje y una firma o nombre de quien lo escribe.

3. Cuando se termine el tiempo, se comparte con el grupo y se leen o muestran los autógrafos y se puede también indagar sobre lo que sintieron al escribir para otro y ver lo que otros escribieron para él o ella. Preguntar si les gustó, si les recordó a algo.

4. Se da un cierre por parte del docente y se resalta la importancia de vincular la escritura y la lectura con sus emociones y el gusto de interactuar con otros.

El reto que tiene el docente que trabaja con alumnos sordos es acompañar a los niños a sentir, percibir, tocar e implementar la lectura como el uso de una lengua que les es ajena. Algunas recomendaciones útiles e importantes a considerar en la etapa de iniciación a la lectura son:

A. Evaluar el lenguaje con el que llegan los niños a la escuela y observar las bases que tiene en lengua de señas o bien en español si tiene algún antecedente.

B. El aprendizaje de la lectura debe construirse sobre lo que el niño ya sabe, pero regularmente con el niño sordo su conocimiento está limitado del mismo modo que esté limitado su lenguaje. Las experiencias de su aprendizaje deben estar focalizadas en la comprensión de textos con sentido más que en el desarrollo de habilidades aisladas.

C. El error debe ser una parte natural para el desarrollo de las habilidades en la lectura y no debe sancionarse para fomentar mayor motivación.

D. Reconocer sus metas y se reconozcan como personas que puedan explorar y disfrutar a través de la lectura nuevas experiencias.

5. La lectura en voz alta (con lengua de señas) de diversos textos es imprescindible y más cuando son textos predecibles con los cuales los niños puedan familiarizarse rápidamente.

6. El niño sordo debe contar con diversos espacios y oportunidades para poder leer y para lograrlo es necesario involucrar a la familia y quizá llevarlos a ellos al descubrimiento de la lectura también.

7. Con la lectura pueden ser integradas otras habilidades comunicativas y de pensamiento como la escucha, la participación, el cuestionamiento, la predicción, el análisis y la incorporación paulatina de la escritura.

8. Generar espacios de confianza, amabilidad, calidez, empatía y puedan expresarse en libertad.

Actividad 2. Diario interactivo

El diario interactivo al igual que otras actividades de fomento a la lectura y escritura con alumnos sordos pueden adaptarse conforme a las características del o los alumnos. En este tipo de diarios, el niño o joven sordo escriben sobre lo que quieren expresar y aspectos de su vida cotidiana, de sus intereses y gustos, hacerlo de este modo le motiva a seguir escribiendo sin tener el matiz de que es algo obligado o tedioso, puede hacerles sentir que aun si la otra persona no está puede leer lo que piensan. Sin embargo, es importante ser constantes con la actividad tanto docentes como padres de familia y de igual modo tratar de modelar diversas situaciones, ya que puede pasar que si el estudiante tiene una rutina que aparentemente no tiene cambios, entonces deje de ser atractivo y por el contrario se vuelva tedioso o sin sentido.

Para iniciar en la implementación de actividades como esta se requiere mucho del modelaje porque como docentes se espera sea el que introduzca a los alumnos no solo al español como segunda lengua, sino al conocimiento de la comunidad usuaria de la misma. Algunas recomendaciones son las siguientes:

1. Puede usar el pizarrón o bien hojas de rotafolio. El profesor puede proponer su tema en función de algo que quiera compartir, para posteriormente enriquecer la actividad con el alumno se hace una lluvia de ideas sobre temas que sean del interés del alumno. Pueden participar los padres de familia en este de actividades y puede enriquecerse con preguntas para quien esté generando la información para poder hacerla más extensa. Es importante formular las preguntas de forma escrita y responderlas de igual manera.

2. Después los alumno y estudiantes con la información pueden escribir o dibujar (según sea el caso) de qué forma lo que compartió el profesor fue importante para cada uno de ellos. Esto propicia que hagan vinculaciones con su experiencia y la de otros y de manera reciproca se enriquezcan. Si son niños muy pequeños pueden dibujar o hacer algunas grafías, además el profesor puede hacer anotaciones en su diario, pero sin hacer correcciones para no frustrar la lectura.

Actividad 3. Diccionario personal

El objetivo de esta actividad es que el alumno sordo paulatinamente se dé cuenta de la importancia del uso del diccionario para que el uso de su vocabulario pueda aumentar, lo cual enriquece también el conocimiento de nuevos conceptos.

Puede iniciarse con un cuaderno en el que a través de la identificación de cada letra del alfabeto pueda aprender también los nombre de las personas que integran su familia, de los compañeros de su salón, de maestros y personas que puedan ser representativos para ellos; puede ilustrarse con dibujos o fotos. Progresivamente pueden ir agregando información de animales, lugares importantes, actividades que les gusten, lo cual permitirá incorporar verbos. Podrían hacer pequeños diccionarios de acuerdo al nivel de verbos, adjetivos, sustantivos, entre otros.

Una variante adicional es hacer pequeños diccionarios de los cuentos que se trabajen y posteriormente de libros de consulta. Algunos de estos cuentos incluyen un pequeño glosario y pueden funcionar como modelo.

También pueden hacerse este tipo de diccionarios en cartulinas que puedan observar alrededor del salón.

Todos estos apoyos visuales para los estudiantes sordos deben presentarse permanentemente en el aula, ya que esto les hará sentirse más cercanos a la lectura y escritura. En el plano de las habilidades del pensamiento, este tipo de recurso le permite hacer comparaciones, asociaciones que al ir descubriendo le motivarán.

Actividad 4. Favoreciendo la expresión y la creación de historias.

Esta actividad busca promover el interés y gusto por la expresión. Puede llevarse a cabo con diferentes temas y de acuerdo a los contenidos que requieran ser trabajados por los estudiantes en cada nivel.

1. Deben ser seleccionadas entre 3 y 5 fotografías o imágenes.

2. Se le muestra a cada una de ellas a los alumnos y se les pide que escriban o dibujen una palabra que asocien con la imagen.

3. Si son alumnos pequeños puede trabajarse en el grupo grande y pueden pasar a escribir palabras o dibujar algo en representación de su asociación.

4. Una vez hecho esto, el docente puede pedirles que con todas esas palabras o dibujos puedan construir una historia todos juntos.

5. Puede fomentarse en alumnos más grandes e independientes el trabajo en equipo para hacer el mismo procedimiento por equipos y al final presentar su historia con todo el grupo.

6. Se pueden designar un lugar especial para colocar estas historias y puedan ser consultadas cuando lo requieran.

Puede favorecer habilidades de análisis y síntesis que el profesor formule preguntas sobre los textos, esto tiene como finalidad no sólo la lectura, sino que los alumnos al crear sus historias consideren que las historias deben contener cierta información para poder ser comprendida por otros y por ellos mismos.

Algunas preguntas que pueden ayudar son: ¿Quién?, ¿dónde?, ¿qué?, ¿cómo?, ¿cuándo?, ¿cuánto?, entre otras.

Muchos de estos procedimientos tendrán que ser discutidos en primera instancia a través de la lengua de señas, observando la pertinencia.

Actividad 5. Hacer mi comic o novela gráfica

La diferencia entre el cómic y la novela gráfica, es en esencia que el primero es una historia corta y publicada en serie en forma de publicación periódica, no incluye en su formato el comienzo, el desarrollo y el final de la historia. En tanto que la novela gráfica tiene una extensión mayor y resulta ser una obra literaria adaptada al terreno de la ilustración, está bien sustentada y escrita.

Este recurso incluso puede fomentar en el futuro una alternativa artística para las personas sordas.

El estudiante tiene que ser expuesto primero a textos con estas características para que pueda familiarizarse.

1. Con niños pequeños puede iniciarse con el uso de fotografías y el tema puede ser cómo sus papás decidieron tenerlo, el formato sería relativamente parecido a un álbum fotográfico, pero ser le ayudaría incorporando diálogos entre las personas que participan dentro de su historia.

2. Con estudiantes más grandes, el docente puede invitar a los padres o familiares al salón para que narren la historia de sus hijos y de cómo es que son sordos, esto puede narrarse en lengua de señas y posteriormente se le pide a cada alumno trabajar sobre las ilustraciones que pondrían en formato de comic con globos de diálogo o pensamiento.

3. En el caso de adolescentes, puede pedirse que hagan una novela gráfica de su historia de vida incorporando incluso la visión de su futuro y su proyecto de vida.

Es importante que antes de pedir a los estudiantes el desarrollo de este tipo de texto, el profesor modele con su historia o con la historia de algunos personajes históricos o representativos.

Se puede fomentar la participación a través del concurso entre estudiantes de diferentes grupos.

También puede enriquecerse con un taller de lectura, en el cual se trabaje alguna lectura y el producto final sea un comic o historieta. Pueden incluso dentro de este producto proponer finales diferentes para la misma historia.

Actividad 6. Leer con amigos

Una forma de acercar y crear compromiso con la lectura entre los alumnos sordos, es promoviendo responsabilidad sobre lo que saben y pueden compartir con otros.

Para esta actividad es importante contar con una biblioteca al interior del salón con diferentes textos que permitan que cada alumno elegir uno al termino de la semana para que pueda llevárselo a casa, leerlo con la familia tantas veces le sea necesario para que posteriormente al regreso de su descanso pueda compartirlo con el resto del grupo, pueden hacer turnos por semana.

Para este tipo de ejercicio se recomienda usar las estrategias de lectura antes citadas y que el profesor modele algunas veces antes de pedir que cada uno de los alumnos lo lleve a cabo.

Actividad 9. El chismografo

Este puede ser un recurso muy valioso para el estudiante sordo y es una actividad que se ha ido perdiendo entre los jóvenes y adolescentes.

1. El profesor en un cuaderno que será compartido entre él y los estudiantes sordos, les pedirá que a través de una lluvia de ideas, los estudiantes formulen preguntas de aquella información que les gustaría saber sobre sus compañeros para que una vez que se pongan de acuerdo pongan en la parte superior de cada página una pregunta y en los renglones puedan enumerarse del 1 al número de participantes en total (por ejemplo del 1 al 10).

2. Las primeras páginas serán para poder llenar información personal para que cada persona ponga su nombre, su edad, dirección, etc. Es importante que cada estudiante respete el número que haya elegido para responder las preguntas subsecuentes.

Número	Nombre
1	
2	
3	
4	Adriana Sánchez
5	
6	
7	María García

Ilustración 4.

3. Posteriormente pondrán la pregunta que hayan sugerido.

Número	¿Cuál es tu animal favorito?
1	
2	
3	
4	León
5	
6	
7	Perro

Ilustración 5.

4. La intención es generar conocimiento entre unos y otros, además de que puedan enriquecer su vocabulario y la posibilidad de trabajar con datos personales también.

Actividad 10. ¡Basta!

Este originalmente es un juego que fomenta entre los participantes una competencia sana con respecto al dominio de información y cultura en general. Puede ayudar en el fortalecimiento de vocabulario relacionado a ciencias, geografía e historia.

1. Se le proporciona a cada estudiante una hoja que dividirá en columnas con los siguientes encabezados.

Nombre	Apellido	Ciudad o país	Flor o fruto	Animal	Cosa	TOTAL
Diana 50	Díaz 100	Dinamarca 75	Durazno 25	Delfín 25	Dado 100	325

Ilustración 6. Formato de juego Basta.

2. Un alumno comienza deletreando el abecedario y otro lo detiene con la palabra ¡Basta! en la letra que elija. A, B, C, D... ¡Basta! La letra en la que haya quedado al decir "Basta" es con la que tienen que escribir cada palabra según lo que solicita cada columna.
3. El primero que termina con todas las columnas es quien comienza a contar hasta 10 para que terminen los demás.
4. Cada palabra tiene un valor de 100 puntos, pero si dos o tres participantes repiten la misma palabra tendrán que dividir los 100 puntos entre los que la repitieron. La última columna servirá para contar el total de puntos.
5. Gana quien obtenga más puntos.

LECTO-ESCRITURA

La comunicación es un recurso indispensable que cualquier ser humano utiliza para realizar todo tipo de actividades como socializar, aprender, descubrir, registrar, y mucho más. De la forma en la cual llevamos a cabo ese acto comunicativo, dependerá la manera en la que consigamos el cometido que inicialmente nos habíamos planteado. Por ejemplo, si nuestra intención es llegar de un lugar determinado pero no sabemos el sitio exacto donde se encuentra, tenemos que investigar, ya sea preguntando a quien sepamos que ya estuvo ahí, tal vez consultando un mapa o, ahora tan de moda, recurriendo al internet; para todo lo anterior necesitamos utilizar algún tipo de idioma, para nosotros será el español. Mientras mejor sepamos utilizar este idioma, será más rápida y más precisa la forma en la cual conseguiremos los datos que nos ayuden a llegar a donde queríamos ir.

Por eso, nuestra intención es mencionar los primeros recursos para apoyar a personas que no escuchan en el aprendizaje del español, sólo como introducción, pues no trata de ser esto la totalidad de la información que se requiere. Tenemos un destino y un inicio. Entonces, como todo viaje, desde el punto de partida, viajaremos por caminos, navegaremos y, en ocasiones, volaremos por el cielo de la gramática, por el mar de la ortografía y las veredas de la comunicación. Infiriendo que para la comunicación necesitamos el idioma, vamos a desglosarlo desde la raíz, desde los cimientos, desde la base, simplemente, desde el principio.

Las letras

La comunicación precisa de oraciones, las oraciones de palabras y las palabras de letras. Vamos pues a ver cómo organizarlas adecuadamente. Partiendo de la partícula más pequeña en la cual podemos desmenuzar el acto comunicativo encontramos las letras. Pero, ¿qué son las letras? Veamos la definición según La Real Academia de la Lengua Española (RAE) :

> *Letra, Del latín littĕra.*
> *1. f. Cada uno de los signos gráficos que componen el alfabeto de un idioma.*
> *2. f. En la tradición gramatical, cada uno de los sonidos de un idioma.*[1]

Entonces, las letras son signos que cuentan con la peculiaridad de ser gráficos; sin embargo, estos signos representan los sonidos del idioma. Si lo que queremos es enseñar el idioma a los sordos, no podemos partir desde esa última idea, entonces partamos de que son signos gráficos. Habrá que presentárselos en forma escrita:

[1] Entendiendo y respetando que fueron los españoles quienes inventaron este idioma. http://dle.rae.es/?id=NAwHNtA (junio 2018).

Mayúsculas	A, B, C, D, E, F, G, H, I, J, K, L, M, N, Ñ, O, P, Q, R, S T, U, V, W, X, Y, Z.
Minúsculas	a, b, c, d, e, f, g, h, i, j, k, l, m, n, ñ, o, p, q, r, s, t, u v, w, x, y, z.

Ahora bien, hay sonidos de nuestro idioma que no vemos representados en este listado, nos referimos a las grafías que se representan mediante la repetición de las mismas o con la unión de dos distintas[2], tales sonidos son "ll", "rr" y la "ch". Se omiten de este listado no porque no constituyan un sonido en específico que a su vez se represente gráficamente, la razón de hacer esto es explicado porque son letras "compuestas" (por llamarlas de alguna manera), pues un símbolo sin el otro tiene un significado diferente, pero éstas, estrictamente, se requieren entre sí.

[2] También las que constan de alguna tilde o acento, pero esto es con la idea de representar sonido (por ahora y por obvias razones omitiremos el tema), no siendo así los casos de la "i", la "j" y la "ñ", pues la tilde forma parte de la misma grafía y no pueden estar sin ella.

LAS PALABRAS

Las letras, pues, son signos gráficos que tienen la finalidad de representar sonidos, como ya mencionamos, y según esta definición, nos centraremos en la idea de lo que son, más que de lo que representan. Como sabemos, al juntar las letras en cierto orden específico, se forman las palabras. Pero ¿qué son las palabras? Vamos nuevamente a la definición que nos entrega la RAE:

> *Palabra, Del latín parabŏla 'comparación', en latín tardío 'proverbio', 'parábola', y este del griego παραβολ parabol .*
> *1. f. Unidad lingüística, dotada generalmente de significado, que se separa de las demás mediante pausas potenciales en la pronunciación y blancos en la escritura.*
> *2. f. Representación gráfica de la palabra hablada.*[3]

Rescatemos ideas principales: unidad lingüística, representación gráfica, dotada de significado, en la escritura. Igualmente podríamos tomar en cuenta "palabra hablada", pero, entendiendo que trataremos con sordos, omitiremos esa idea. Formando de lo anterior nuestra propia definición diremos que "palabra" es la unidad lingüística

[3] http://dle.rae.es/?id=RUl938s (junio 2018)

generalmente con significado representada en la escritura. Entonces, aunque muchas letras por sí solas forman una palabra, podemos distinguir unas de otras por que las letras signos y las palabras, que se forman con estos signos, conforman un significado[4].

[4] Sabemos que esto es, teóricamente, simplificarlo mucho, pero insistimos nuevamente, que no es necesario entrar en disertaciones ociosas que no aportan mucho al tema que nos atañe.

La oración

Ya vimos que con las letras formamos palabras, ahora sabemos que con las palabras formamos oraciones. Igualmente conozcamos la definición:

> *Oración, Del latín oratio, -ōnis 'lenguaje', 'discurso', en latín tardío 'oración, plegaria'.*
> *1. f. Gram. Estructura gramatical formada por la unión de un sujeto y un predicado.*
> *2. f. Gram. Enunciado (secuencia con sentido completo).*[5]
> *Enunciado, De enunciar.*
> *1. m. Secuencia de palabras delimitada por pausas muy marcadas, que puede estar constituida por una o varias oraciones.*
> *2. m. Ling. Secuencia con valor comunicativo, sentido completo y entonación propia.*[6]

Encontramos que es una estructura, formada por la unión del sujeto y predicado; un enunciado, está constituido por una o varias oraciones. Estamos viendo ya que tratamos entonces con secuencias, estructuras, que parten de

[5] http://dle.rae.es/?id=R8LGdYW (junio 2018)
[6] http://dle.rae.es/?id=FqtGFhC (junio 2018)

una partícula simple como lo es una letra, que a su vez, al hacer conjuntos organizados con otras letras, obtenemos palabras, y sucesivamente, organizamos grupos de palabras para hacer oraciones y enunciados.

Partes de la oración

Ya teniendo claro lo anterior, vamos a regresarnos un poco. Ya insistimos mucho en las letras, pero es necesario detenernos un poco en las palabras, ya que cada una de ellas, dentro de la oración, cumple con una función determinada, dependiendo del tipo al cual pertenezcan. Es así que, en el idioma español, en su forma escrita, según la función gramatical que cumplan las palabras se puede clasificar como partes de la oración; en seguida las enlistamos, definimos o ejemplificamos y agregamos alguna palabra clave que sirva de guía para mayor facilidad en el aprendizaje de los sordos:

- **Sustantivo.** Palabra con la que se nombra a persona, ciudades, animales o cosas. (Clave: nombre) Ejemplos: **Juan, Jalisco, gato, lápiz.**
- **Artículo.** Palabra que sirve principalmente para limitar la extensión del nombre o del grupo nominal formando expresiones que se refieren a entidades consabidas por los interlocutores. (Clave: género y número) Son artículos determinados: **el, la.** Se antepone al nombre o al grupo nominal para indicar que éste se refiere a entidades no consabidas por los interlocutores. Son artículos indeterminados: **unos, unas.**

- **Pronombre.** Palabra que se utiliza en lugar de un sustantivo. (Clave: en lugar del nombre) Ejemplos: **yo, tú, él, nosotros (as), ustedes, ellos (as), que, quien, me, mi, su, etc.**
- **Adjetivo.** Palabra que califica, modifica o limita un sustantivo o pronombre. (Clave: características) Ejemplos: **rojo, grande, delgado.**
- **Preposición.** Palabra que muestra la relación entre el sustantivo o pronombre y otra parte de la oración. (Clave: relaciona) Son: **a, ante, bajo, cabe, con, contra, de, desde, durante, en, entre, hacia, hasta, mediante, para, por, según, sin, so, sobre, tras, versus, vía.**
- **Conjunción.** Palabra que sirve para conectar palabras, frases y cláusulas dentro de las oraciones. (Clave: conecta) Ejemplo: **Y, o, pero, que, porque, si, cuando.**
- **Adverbio.** Palabra que sirve para modificar el significado de un verbo, adjetivo u otro adverbio. (Clave: modifica) Ejemplos: **rápidamente, demasiado, hoy, sí, etc.**
- **Verbo.** Palabra que expresa la acción o estado del ser. (Clave: acción) Ejemplos: **correr, hablar, sonar.**
- **Interjección.** Expresa emoción repentina. No tiene conexión gramatical con el resto de la oración. (Clave: emoción) Ejemplos: **¡ah!, ¡ojalá!, ¡hey!, ¿oh, sí?**

Igualmente, casi todas estas clasificaciones cuentan con sub-clasificaciones, que ameritan un tratado especial en otra publicación. Un tipo de palaba en el que quisiéramos detenernos es en el que, tanto a oyentes como a sordos, cuesta más trabajo entender y, por consiguiente, explicar (aunque no por eso son las más importantes); nos referimos a las preposiciones, las cuales hacemos un listado a continuación con un ejemplo para su mayor entendimiento:

Preposición	Ejemplo
A	Fue **a** ver a José
Ante	Se presentó **ante** el Congreso
Bajo	Estaba **bajo** la cama
Cabe*	La caja está **cabe** la puerta
Con	José camina **con** Juan
Contra	Lanzó la pelota **contra** la pared
De	El salón **de** trabajo
Desde	Caminó **desde** temprano
Durante	Durmió **durante** toda la noche
En	Permaneció **en** su casa
Entre	El dos está **entre** el uno y el tres
Hacia	Se dirigió **hacia** el norte
Hasta	Fue **hasta** donde estaba el auto
Mediante	Explicar **mediante** ejemplos
Para	El regalo es **para** Juana
Por	Pasó **por** el río
Según	Llegó **según** las indicaciones
Sin	Usaba un vestido **sin** mancha
So*	Se entregó **so** pena de muerte
Sobre	Dejó el libro **sobre** el escritorio
Tras	Corrió **tras** ella
Versus	Campeones **versus** Subcampeones
vía	De Guadalajara a Michoacán **vía** Chapala

* En desuso

Hay palabras que, gramaticalmente, se unen a otras, a esto se le llama "contracción". La RAE lo define así:

> *Del lat. contractio, -ōnis.*
> *1. f. Gram. Fenómeno morfo fonológico que consiste en unir dos palabras, la segunda de las cuales suele empezar por vocal, en una sola.*[7]

Es entonces unir, contraer, fusionar dos palabras para formar una. En español contamos con dos casos y se da entre preposiciones, que son:

"Al" por a el.
"Del" por de el.

Existen algunas que no son entre preposiciones y que en ciertas regiones (como nuestro caso, México), son ya poco recurrentes, que no se manejan más o que son de utilización coloquial, por ejemplo:

- "Entrambos" por entre ambos.
- "Doquiera" (doquier) por donde quiera.
- "Otrora" por otra hora.
- "Pallá" por para allá.

Después de comprender con mayor claridad cada una de las funciones de las palabras, podemos relacionar las partes que conforman la oración. Lo primero que debemos de tener en cuenta es que, para que no sólo sea una frase suelta y podamos llamarla oración, en ella debe existir principalmente un **verbo conjugado**, si no se cuenta con ello entonces no es una oración. Puede

[7] http://dle.rae.es/?id=AXKUiJb (julio 2018)

o no contar con alguna otra palabra que tenga función gramatical propia, pero la antes señalada no puede faltar. En el mismo sentido, cada oración cuenta con dos partes, que se nombran **Sujeto y Predicado**. El Sujeto es de quien o de lo que se habla, el Predicado es lo que se dice del Sujeto. Ejemplos:

- El perro come muchas croquetas.
  El perro grande (**sujeto**) come muchas croquetas (**predicado**).

Verbo conjugado: "come" del infinitivo "comer".

- La casa grande es donde vive Pepe.
  La casa grande (**sujeto**) es donde vive Pepe (**predicado**).

Verbo conjugado: "es" del infinitivo "ser".

También encontraremos en algunos casos lo que llamamos oraciones unimembres, que son aquellas oraciones impersonales en las cuales no encontraremos el sujeto pues están formadas únicamente por predicado. Ejemplos:

- Llueve.
- Es tarde.

Vemos que, al decir simplemente "llueve" no hay un "qué o quién" del cual estemos hablando, pero sí hay un verbo conjugado. En el otro ejemplo, si bien nos referimos al tiempo (como anteriormente al clima), no es un ser o lugar al cual nos referimos, por lo tanto es impersonal. Por otro lado, muchas de esas ocasiones no es que no tengan o no exista un sujeto, simplemente es que se encuentra implícito. Ejemplos:

- Soy feliz
- Ama con pasión.

Al decir la palabra "soy", obviamente nos referimos a la primera persona del singular, es decir "yo", y ese sería el sujeto de la oración, el cual aunque no está representado gráficamente, lo tenemos presente de forma implícita; al igual que en el segundo ejemplo, no sabemos quién efectúa ni recibe la acción, pero notamos que existen ambas partes aún sin mencionarlas literalmente.

Los signos de puntuación

Para los sordos es imprescindible entender que muchas de las funciones de las palabras y, en este caso, las reglas para el uso de los signos de puntuación, tengan que memorizarlas. Tenemos que pasar por alto la obviedad (no pueden oír) y tomar el siguiente paso que es: aprender a utilizarlo mediante el uso. A continuación, de manera sencilla, enlistamos las más recurrentes, pero no por eso las más sencillas. Recodemos que esto es sólo una introducción:

Dos puntos (:)

Se utilizan para hacer una llamada de atención, para anunciar lo que más adelante se va a decir. Van entre dos oraciones o entre una oración y su complemento.

1. Para una serie de elementos. Ejemplo:

• Las dos partes de la oración son: el sujeto y el predicado.

No es recomendable utilizarlos después del verbo. Ejemplo:

• Compraremos: las oraciones siempre llevan verbo conjugado.

2. Para una cita textual. Ejemplo:

• Juárez dijo: “El respeto al derecho ajeno, es la paz”.

3. Para frases de cortesía y saludo. Ejemplo:

- Estimado Señor Presidente:
- Apreciado tío:

4. Para conectar oraciones, siendo de dos formas.

a) Como resumen de la primera. Ejemplo:

- No ha dormido bien: la noche fue víctima de su insomnio.

b) Relación causa-efecto. Ejemplo:

- No ha dormido bien: su trabajo será deficiente.

5. En la medición del tiempo se utilizan los dos puntos para separar la hora de los minutos. Ejemplo:

- 06:00 horas son las 6:00 am; las 23:45 horas, son las 11:45 pm

Puntos suspensivos (...)

Son exactamente tres puntos, poner más es un error.

1. Para dejar incompleta o en suspenso una oración. Ejemplo:

- Nadie notó que era un fantasma, pero...

2. Para dar una respuesta inesperada. Ejemplo:

- Te dije que si me dormía, después… despertaría.

3. Para interrumpir el mensaje y no es indispensable continuar. Ejemplo:

- Benito Juárez dijo: "El respeto al derecho..."

4. Para sustituir a etcétera. Ejemplo:

- Así se cuenta una decena: uno, dos, tres…

Punto y seguido (.) punto y coma (;) punto y aparte (.)

a) Punto y seguido (.)

Para separa oraciones cuando coinciden en la misma idea, aunque no en forma inmediata. Ejemplo:

- "A pesar de ser otoño hacía un tiempo espléndido la tarde en que yo caminaba por la Colonia Juárez rumbo a la calle de Estocolmo. Allí vivían, en el número 3, desde hacía dos meses, Homero y Betty".

(Fragmento, Estocolmo 3. Amparo Dávila)

b) punto y coma (;)

1. Para separa oraciones que sean consecutivas y largas, pero que hablen de lo mismo. Ejemplo:

• "Se encogería apenas después del secado y, bien tratado con la plegadora, volvería a ser flexible, se notaba enseguida al apretarlo entre el índice y el pulgar; retendría el perfume durante cinco o diez años; era un cuero muy, muy bueno…"

(Fragmento, El perfume. Patrick Süskind)

2. Para separa oraciones consecutivas, pertenecientes a la misma cláusula, sobre todo si contienen elementos separados por comas. Ejemplo:

• Las razas de perros son variadas porque unos son grandes y peludos; otros, pequeños y lampiños; muchos, con colores; la mayoría, con manchas.

3. Para separa oraciones largas con ideas contrarias. Ejemplo:

• Caminaremos un largo camino; sin embargo, no tardaremos mucho.

c) Punto y aparte (.)

Para indicar que la oración terminó y se debe iniciar una nueva, en un siguiente párrafo. Ejemplo:

"Pienso en 'el as bajo la manga' y al instante me arrepiento. Uno no debería decir frases trilladas, ni siquiera en la vida real.

El hombre permanece frente a mí. No tengo ni idea de cuánto tiempo ha transcurrido; entonces decido buscar otro archivo en mi memoria y busco el momento en que llegamos hasta este punto".

(Fragmento, ¡Bang! Juan Hernández Luna)

La coma (,)

Es el signo de puntuación es el más utilizado.

1. Para hacer una serie de elementos similares, sean sustantivos, adjetivos o verbos. Ejemplo:

• La lluvia, el viento y el calor, son fenómenos climáticos.

• El atardecer se veía triste, frío, amarillento y eterno.

2. Para separar oraciones cortas y seguidas. Ejemplo:

• Los pájaros cantan, el sol sale, los lirios florecen.

3. Para llamar o nombrar a alguien. Ejemplo:

• Federico, te estoy hablando.

• Dame una manzana, Alicia.

• Déjame en paz, Aida, quiero dormir.

4. Para evitar la repetición de un verbo. Ejemplo:

• Quien trabajó recibirá su sueldo; quien no, será despedido.

5. Para una aclaración o explicación que de claridad a la idea, para evitar ambigüedad.

• México, la capital, es la ciudad de los museos.

• Juanito, el hijo de Patricia, es el más bajito de todos los niños.

6. Para separar dos frases de la misma idea pero que se contraponen y que son cortas. Ejemplo:

• Madrugué, y no llegué temprano.

7. Después de un punto y coma y el conector, o bien, entre comas las expresiones: esto es, por último, o sea, por ejemplo, además, es decir, no obstante, finalmente, tal vez, hasta cierto punto, en efecto, en fin, sin embargo, entre otras expresiones similares. Ejemplo:

• Le mencioné, finalmente, que iríamos a ver las margaritas en primavera.

8. Cuando se invierte el orden de las oraciones, y escribimos primero el predicado y luego el sujeto. Ejemplo:

• El perro blanco come muchas croquetas.

- Muchas croquetas, come el perro blanco.

9. Antes de las conjunciones adversativas (pero, mas, aunque, sino), causales (porque, pues) o consecutivas (con que, así que, luego, de manera que...) Ejemplo:

- Tengo mucho sueño, pero necesito hacer el trabajo.
- Haré el trabajo, aunque tenga sueño.

Sabemos que hay temas y subtemas importantes que son necesarios para el buen aprendizaje de nuestro idioma, pero como lo hemos estado insistiendo a lo largo de este texto, nuestra intención es solamente introducirnos en los elementos que consideramos más necesarios para comenzar este proceso. No es que les restemos jerarquía a los asuntos que hemos dejado en el tintero, sabemos de su importancia, es por eso que los trataremos en otra edición.

Sugerencias lúdicas para el aprendizaje

Una de las fórmulas más recurrentes para la enseñanza de cualquier idioma, es la forma lúdica, principalmente con los niños aunque no se restringe a ninguna edad; sin embargo, cuando hablamos de la enseñanza de lenguas pensamos en idiomas orales y que, por razones obvias, los juegos o técnicas son pensados en la palabra hablada unida con la escrita. Al tratarse de personas sordas, hemos de pensar en métodos diferentes, que no únicamente se orienten en la omisión de la voz, sino en la adaptación del aprendizaje por sus principales destrezas. Para ello ofrecemos las siguientes sugerencias:

1. Si la persona sorda sabe y practica Lengua de Señas (LS), puede ejercitar la dactilología o deletreo, pero además (y si no utiliza LS), podría también intentar hacer la forma de cada letra recurriendo no sólo las manos, si no todo el cuerpo, lo cual le puede apoyar en el desarrollo del pensamiento creativo, además de ser puramente divertido.

2. Se pueden poner varios objetos diversos, de entre ellos se selecciona uno y se escribe solamente la letra con la que empieza el nombre de dicho objeto, el alumno (o los alumnos) tiene que adivinar cuál es el objeto seleccionado y escribir el resto de la palabra.

3. Comparar la forma de las letras con animales, personas o cosas, después ver la diferencia de la letra y a lo cual se parece se escribe diferente, donde la "h" semeja ser una "silla" la cual al escribirla notará que no tiene ninguna "h"; la "f" parece un "bastón o báculo" pero tampoco tienen una "f"; la "o" se parece al Sr. José (por gordito) y la palabra "José" si tiene una letra "o". Igualmente se desarrolla el pensamiento creativo y crítico.

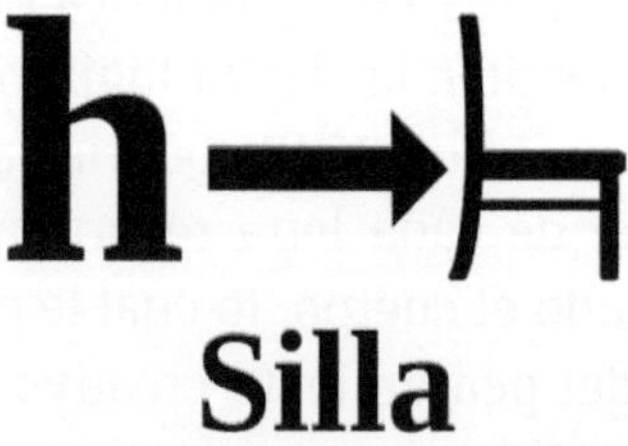

4. La resolución y creación de crucigramas; es decir, mostrarles un crucigrama y la forma de resolverlo para que después el alumno pueda crear sus propios crucigramas. Esto le ayudará a comprender significados y le proveerá vocabulario.

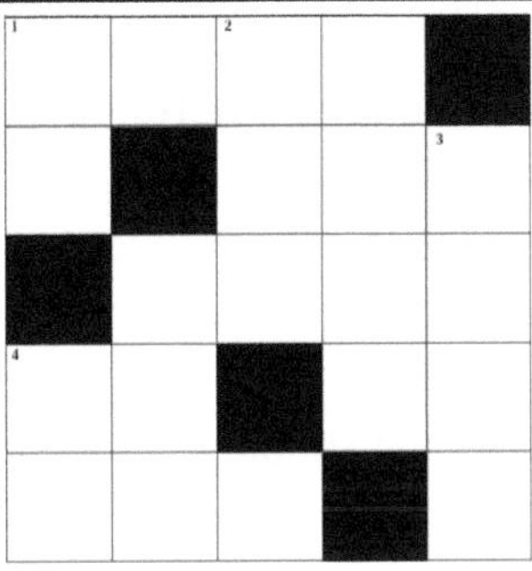

5. Resolver sopa de letras los apoya en el ejercicio memorístico para el orden de las letras en las palabras, dado que la principal falla o falta ortográfica que les sucede a los sordos ocurre en el orden de las letras o la orientación de las mismas.

x	r	h	n	b
v	e	j	t	s
a	g	u	a	h
k	f	b	z	t
t	u	c	l	r

6. Escribir una lista de las palabras que empiecen con la misma letra o que tengan algún parecido aunque su significado sea diferente. Como podría ser agua, azúcar, aire, que son palabras con la misma inicial; por otro lado, hombre, nombre, hambre, que tienen cierto parecido pero distinto significado.

agua	hombre
azúcar	nombre
aire	hambre

7. El clásico juego del "ahorcado" que consiste en poner algunas palabras omitiendo cierto número de letras, que podrían ser todas las vocales que contenga, o al contrario, las consonantes, o bien, cualquier forma arbitraria como solamente escribir la inicial y que todas las demás las tenga que adivinar para descubrir al final cuál era la palabra más adecuada y con sentido. Puede o no agregarse el dibujo del muñequito ahorcado al que, por cada error se agrega una parte del cuerpo hasta completarlo y, lo que suceda primero, ya sea que adivine la palabra o se complete la figura y ésta termine ahorcada.

c a m i n _

8. Las cadenas de palabras fortalecen las habilidades del pensamiento, pues tienen que ejercitar la memoria a la vez de las definiciones. Sería por ejemplo que uno inicie escribiendo una palabra al azar como "agua" el siguiente tiene que escribir otra palabra diferente pero que empiece con la última sílaba de la palabra con la cual se inició, para el caso sería tal vez "guapa" la cadena sería entonces así: agua-guapa-Pablo-bloque y continuar así.

agua-guapa-Pablo-bloque

9. El juego de lotería, utilizando una carta con imágenes (pera, nopal, sirena, etc.) y las cartas serían únicamente con la palabra escrita. Se fortalece la memoria y el significado de las palabras.

El nopal	La pera
La sirena	El loro

10. Hacer frases con palabras sueltas: es decir, darle al alumno dos o tres palabras sin relación alguna y que con ellas realice una oración congruente. Apoya la estructuración de oraciones y enunciados.

perro casa grande

La casa grande es del perro

11. Escribir un adjetivo, un verbo y un sustantivo con la primera letra de su nombre.

Nombre: Gerardo
Adjetivo: guapo
Verbo: guardar
Sustantivo: golosina

Estas son solamente algunas sugerencias que pueden servir o no, dependiendo de la capacidad y del tiempo que requiera el aprendizaje de cada alumno, porque igual que cualquier otro, oyente o sordo, cada uno lo hace a su propio ritmo, en su propio tiempo y a su manera.

Referencias Bibliográficas

BEAS, J. (1994): "¿Qué es un pensamiento de buena calidad? Estado de avance de la discusión", en: Pensamiento Educativo , 15, pp. 13-28.

BEAS, J.; MANTEROLA, M.; SANTA CRUZ, J., y CARRANZA, G. (1996): "Capacitar monitores para enseñar a pensar: problemas y desafíos", en: VV. AA. Tercer encuentro Nacional sobre Enfoques Cognitivos Actuales en Educación , pp. 57-78. Santiago: Pontificia Universidad Católica de Chile.

BEAS, J.; MANTEROLA, M.; SANTA CRUZ, J.; CARRANZA, G., y ARREDONDO, D. (1997): Enseñar para la comprensión profunda: diseño y contratación de un modelo centrado en el aprendizaje y el pensamiento . Informe Final Proyecto Fondecyt n.° 1950805. Santiago: Facultad de Educación, Pontificia Universidad Católica de Chile.

BEAS, J.; SANTA CRUZ, J.; THOMSEN, P., y UTRERAS, S. (2001): Enseñar a pensar para aprender mejor . Santiago: Ediciones Pontificia Universidad Católica de Chile.

DE SANTIAGO, J., FERNÁNDEZ, J. (2017). " Fundamentos para la enseñanza del español como 2/L". Editorial Arco/Libros, S.L. Madrid.

FERREIRO, E. (2008). Narrar por escrito desde un personaje, acercamiento de los niños a lo literario. España. Ed. FCE.

LISSI, M., GRAU, V., RAGLIANTI, M., SALINAS, M., TORRES, M. (2000). "Adquisición de la lectoescritura en niños sordos: Una visión desde los profesores en Chile. Ediciones Pontificia Universidad Católica de Chile.

SAIZ, C., y NIETO, A. M. (2002): "Pensamiento crítico: capacidades y desarrollo", en: SAIZ, C. (Ed.): Pensamiento crítico: conceptos básicos y actividades prácticas , pp. 15-19. Madrid: Pirámide.

SÁNCHEZ, M. (2011). "Desarrollo de habilidades del pensamiento. Creatividad". Editorial Trillas. México.

VALENZUELA, J. (2008). "Habilidades del pensamiento y aprendizaje profundo". Revista Iberoamericana de Educación. ISSN: 1681-5653. Núm. 46/7. Edita Organización de Estados Iberoamericanos para la Educación, la ciencia y la Cultura (OEI).

"Todo el mundo que recuerda a su propia educación
recuerda maestros, no los métodos y técnicas.
El maestro es el corazón del sistema educativo".

Sidney Hook

www.tacituseditorial.com

www.ingramcontent.com/pod-product-compliance
Ingram Content Group UK Ltd.
Pitfield, Milton Keynes, MK11 3LW, UK
UKHW040030200726
13854UKWH00001B/456

9 786079 676544